məktəb - dugsi | 2
səyahət - safar | 5
nəqliyyat - gaadiid | 8
şəhər - magaalo | 10
mənzərə - muqaal-dhireed | 14
restoran - makhaayad | 17
supermarket - carwo | 20
içkilər - cabitaan | 22
yemək - cunto | 23
ferma - beer | 27
ev - guri | 31
qonaq otağı - qol jiib | 33
mətbəx - jiko | 35
hamam otağı - musqul-qubeys | 38
uşaq otaqı - qolka ilmaha | 42
geyim - dhar | 44
ofis - xafiis | 49
iqtisadiyyat - dhaqaalaha | 51
peşə - shaqooyin | 53
alətlər - qalab | 56
musiqi alətləri - qalab muusiko | 57
zoopark - beer-xayawaan | 59
idman - isboortiga | 62
fəaliyyət - hawlo | 63
ailə - qoys | 67
bədən - jir | 68
xəstəxana - isbitaal | 72
fövqəladə hallar - xaalad deg-deg ah | 76
Yer kürəsi - dhul | 77
saat - saacad | 79
həftə - toddobaad | 80
il - sanad | 81
formalar - qaababka | 83
rənglər - midabbo | 84
əksinə - iska-soo-hoorjeeda | 85
ədədlər - lambarro | 88
dillər - luuqado | 90
kim / nə / necə - kee / maxay / sidee | 91
harada - xaggee | 92

Impressum
Verlag: BABADADA GmbH, Nedderfeld 112 , 22529 Hamburg
Geschäftsführer / Verlagsleitung: Harald Hof
Druck: Books on Demand GmbH, In de Tarpen 42, 22848 Norderstedt

Imprint
Publisher: BABADADA GmbH, Nedderfeld 112 , 22529 Hamburg, Germany
Managing Director / Publishing direction: Harald Hof
Print: Books on Demand GmbH, In de Tarpen 42, 22848 Norderstedt, Germany

məktəb

dugsi

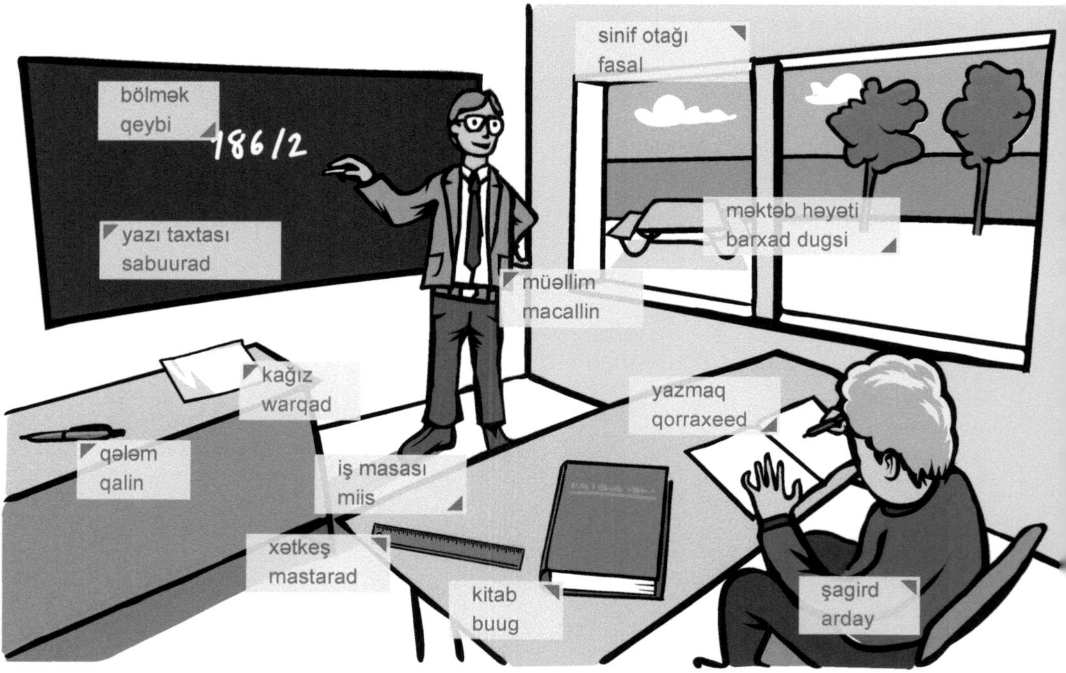

sinif otağı
fasal
bölmək
qeybi
186/2
yazı taxtası
sabuurad
məktəb həyəti
barxad dugsi
müəllim
macallin
kağız
warqad
yazmaq
qorraxeed
qələm
qalin
iş masası
miis
xətkeş
mastarad
kitab
buug
şagird
arday

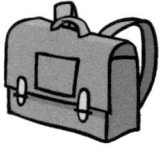

məktəbli çantası

boorso

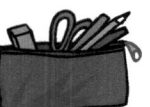

karandaş qabı

kiis qalin-qori

karandaş

qalin-qori

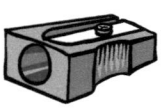

karandaş yonan

koobka qalin qor

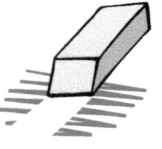

pozan

titirre

rəsm albomu

buugga sawirka

rəsm

sawirid

boya fırçası

burushka midabaynta

boya qutusu

gasaca midabaynta

qayçı

maqasyo

yapışdırıcı

koollo

dəftər

buug qoraal

ev tapşırığı

shaqo-guri

say

lambar

əlavə etmək

ku dar

çıxmaq

ka jar

vurmaq

ku dhufo

hesablamaq

xisaabi

hərf

warqad

əlifba

alifbeeto

söz

erey

mətn
qoraal

oxumaq
akhri

tabaşir
jeesto

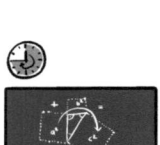

dərs
cahsar

sinif jurnalı
diiwaan

imtahan
imtixaan

təhsil haqqında sənəd
shahaado

məktəb uniforması
direes dugsi

təhsil
waxbarasho

ensiklopediya
diwaan mowduuceed

universitet
jaamacad

mikroskop
mayskariskoob

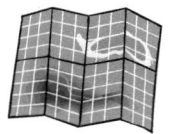

xəritə
khariidad

zibil qutusu
haan qashin-gur

səyahət

safar

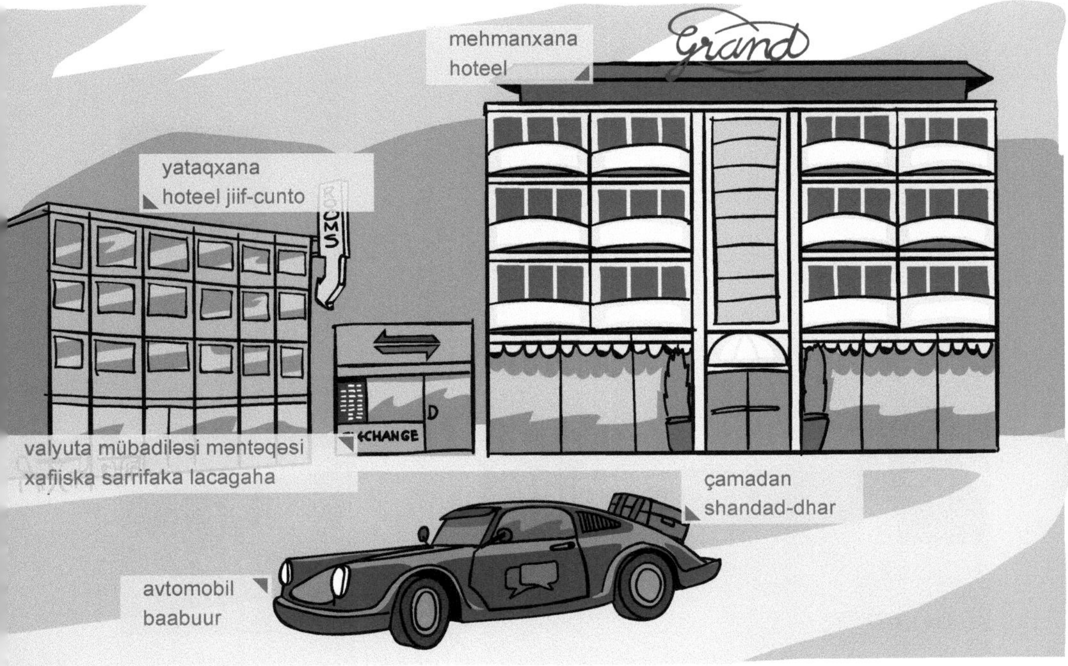
mehmanxana
hoteel
Grand
yataqxana
hoteel jiif-cunto
ROOMS
EXCHANGE
valyuta mübadiləsi məntəqəsi
xafiiska sarrifaka lacagaha
çamadan
shandad-dhar
avtomobil
baabuur

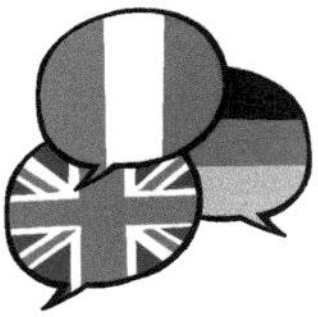

dil

luuqad

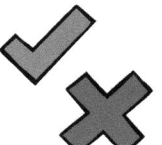

bəli/xeyr

haa / maya

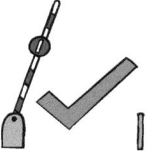

oldu

Hagaag

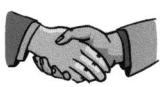

salam

nabad miyaa

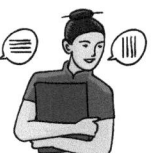

tərcüməçi

turjumaan

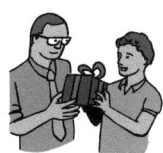

Təşəkkür edirəm

Waad mahadsan tahay

giyməti nə qədərdir ...?

waa immisa...?

mən başa düşmürəm

ma aanan fahamin

problem

dhibaato

Axşamınız xeyir!

galab wanaagsan!

Sabahınız xeyir!

subax wanaagsan!

Gecəniz xeyrə galsin!

habeen wanaagsan!

hələlik

nabad gelyo

istiqamət

jiho

baqaj

alaabo

torba

boorso

kürək çantası

boorso-dhabar

qonaq

marti

otaq

qol

yataq-çuval

katiifad

çadır

teendho

turistlər üçün məlumat

xog dalxiis

çimərlik

xeebta

kredit kartı

kaar amaah

səhər yeməyi

quraac

günorta yeməyi

qado

nahar yeməyi

casho

bilet

rasiid

lift

wiish

poçt markası

tiimbare

sərhəd

xuduud

gömrük

qeybta-canshuur-bixinta

səfirlik

safaarad

viza

dal ku gal

pasport

baasaboor

nəqliyyat
gaadiid

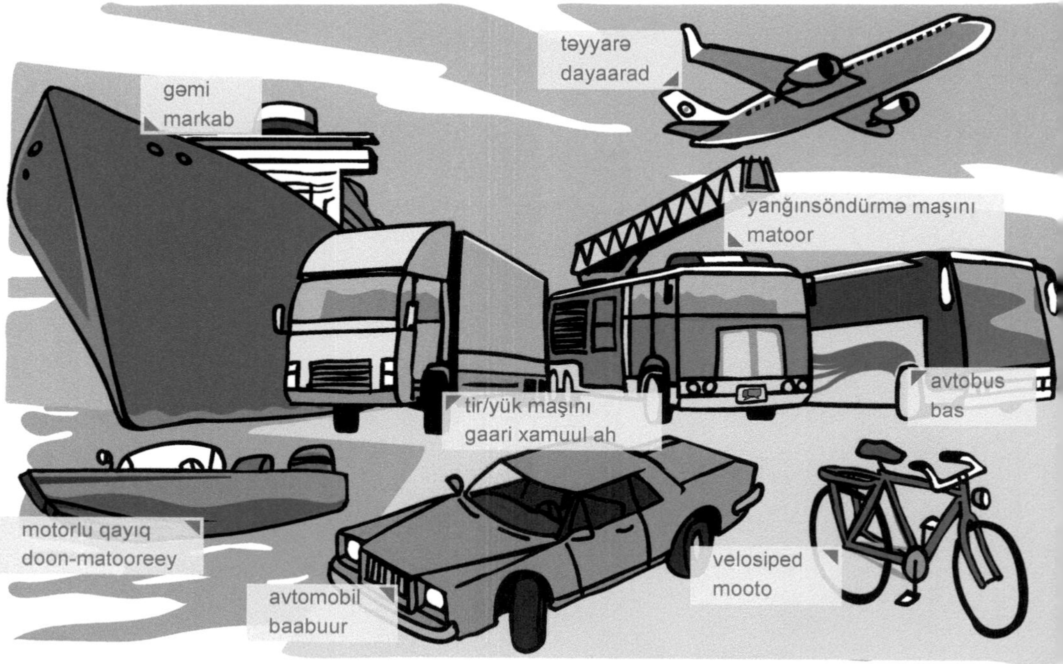

təyyarə
dayaarad
gəmi
markab
yanğınsöndürmə maşını
matoor
avtobus
bas
tir/yük maşını
gaari xamuul ah
motorlu qayıq
doon-matooreey
velosiped
mooto
avtomobil
baabuur

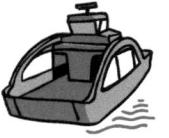

bərə
doon

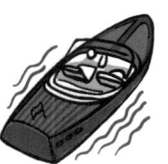

qayıq
doonnida

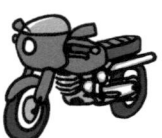

motosiklet
mooto

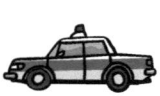

polis avtomobili
baabuur booliis

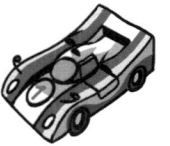

yarış avtomobili
baabuur baratan

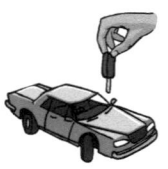

icarə avtomobili
baabuur la-kiraysto

avtomobil icarəsi

gaadiid-wadaag

texniki yardım maşını

wiishle

zibil maşını

gaari qashin-gure

mühərrik

matoor

yanacaq

shidaal

benzin doldurma məntəqəsi

ajib

yol nişanı

calaamad taraafiko

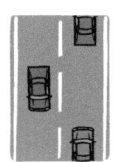

yol hərəkəti

taraafiko

tıxac

jaam baabuur

avtomobil dayanacağı

baarkin-baabuur

dəmir yolu stansiyası

boosteejo tareen

dəmiryol

waddo-tareen

qatar

tareen

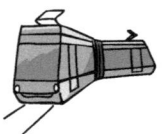

tramvay

taraam

vaqon

gaari faras

nəqliyyat - gaadiid   9

helikopter

helikobtar

hava limanı

garoonka dayuuradaha

qüllə

manaarad

sərnişin

rakaab

konteyner

weel

karton qutu

kartoon

əl arabası

gaari faras

səbət

dambiil

qalxmaq / enmək

kicid / degis

şəhər

magaalo

kənd

tuulo

şəhər mərkəzi

faras magaale

ev

guri

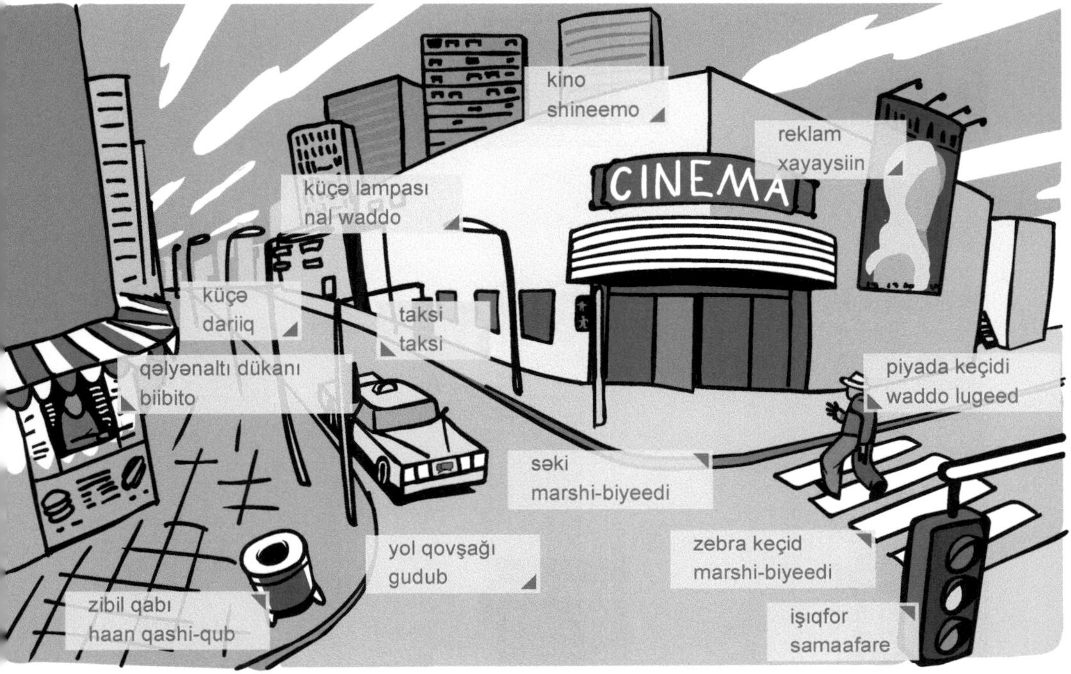

kino
shineemo
reklam
xayaysiin
CINEMA
küçə lampası
nal waddo
küçə
dariiq
taksi
taksi
qəlyənaltı dükanı
biibito
piyada keçidi
waddo lugeed
səki
marshi-biyeedi
yol qovşağı
gudub
zebra keçid
marshi-biyeedi
zibil qabı
haan qashi-qub
işıqfor
samaafare

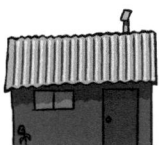

daxma

mundul

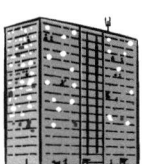

mənzil

dabaq

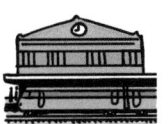

dəmir yolu stansiyası

boosteejo tareen

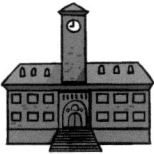

bələdiyyə binası

xarunta dowladda-hoose

MUSEUM

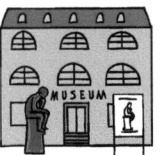

muzey

matxaf

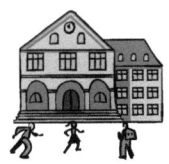

məktəb

dugsi

universitet

jaamacad

bank

bangi

xəstəxana

isbitaal

mehmanxana

hoteel

aptek

farmasi

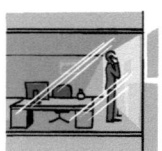

ofis

xafiis

kitab dükkanı

buug shoob

dükan

dukaan

çiçək dükanı

dukaan ubax

supermarket

carwo

bazar

suuq

univermaq

suuq weyne

balıq satıcısı

kalluun-iibshe

ticarət mərkəzi

suuq

liman

furdo

park
jardiino

oturacaq
kursi

körpü
buundo

pilləkən
jaraanjaro

metro
waddo-tareen-hoosaad

tunel
waddo-dhul hoose

avtobus dayanacağı
boosteejo

bar
baar

restoran
makhaayad

poçt qutusu
sanduuq boosto

küçə nişanı
calaamad waddo

parkinq sayğacı
joogid-cabbire

zoopark
beer-xayawaan

üzgüçülük hovuzu
barkad dabbaalasho

məscid
masaajid

ferma
beer

ətraf mühitin çirklənməsi
naqas

məzarlıq
qabuuro

kilsə
kaniisad

oyun meydançası
garoon

məbəd
macbad

mənzərə
muqaal-dhireed

yarpaq
caleen

yol nişanı
calaamad-waddo

yol
waddo

çəmən
seere

daş
dhagax

piyada səyyah
buur korre

ağac
geed

çay
webi

ot
caws

gül
ubax

vadi
dooxo

təpə
buur

göl
laag

meşə
kayn

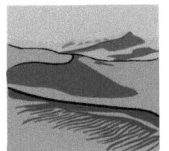

səhra
saxare

vulkan
foolkaano

qəsr
qasri

göy qurşağı
qaanso-roobaad

göbələk
barkin-waraabe

palma
geed timireed

ağcaqanad
kaneeco

milçək
duqsi

qarışqa
qoraanjo

arı
shinni

hörümçək
caaro

böcək
dameer-duudeey

qurbağa
rah

dələ
dabagaalle

kirpi
kashiito

dovşan
dabagaalle

bayquş
guumeys

quş
shimbir

qu quşu
boolo-boolo

qaban
doofaar-jilibeey

maral
deero

sığın
faras-duur

su bəndi
biyo-xireen

külək turbini
tamar-dhaliye

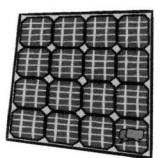

günəş batareyası
soollar

iqlim
cimilo

mənzərə - muqaal-dhireed

ofisiant
kabalyeeri

menyu
warqad qiimo

kreslo
kursi

şorba
maraq

pizza
biise

bıçaq, çəngəl, qaşıq
alaab

süfrə
maro-miis

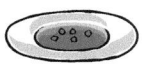

məzə
af-billow

əsas yemək
cunto bariimo

desert
macmacaan

içkilər
cabitaan

yemək
cunto

şüşə
dhalo

fast food
cunto diyaarsan

küçə yeməkləri
cunto-waddo

çaynik
jalmad shaah

qəndqabı
weelka sonkorta

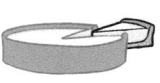

pay
qayb

espresso maşını
mashiinka isbareesada

hündür uşaq kreslosu
kursi dheer

faktura
biil

nimçə
tereey

bıçaq
mindi

çəngəl
fargeeto

qaşıq
qaaddo

çay qaşığı
malqacad-shaah

salfet
shukumaan miis

şüşə
galaas

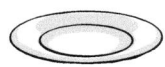

boşqab

saxan

şorba boşqabı

saxanka maraqa

nəlbəki

saxan

sous

suugo

duz qabı

weelka cusbada

biberüyüdən

basbaas shiide

sirkə

fixiye

duru yağ

saliid

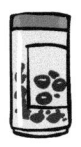

ədviyyat

dhandhanaan

ketçup

suugo

xardal

mastaard

mayonez

mayoonees

supermarket

carwo

xüsusi təklif
qiima dhimis qaas ah
FOR
müştəri
macmiil
süd məhsulları
caano
meyvə
miro
alış-veriş arabası
gaariga adeega

BUTCHERS

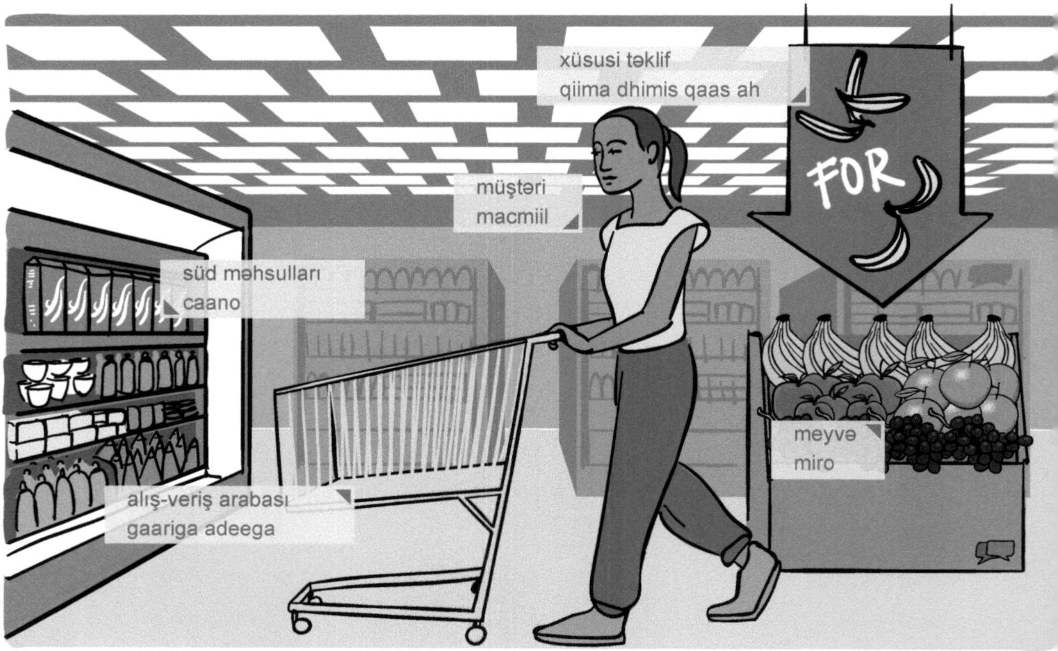

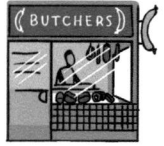

qəssab dükanı

kawaan

BAKERY

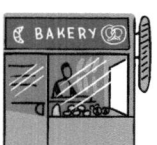

çörəkçi

foorno

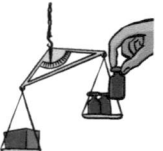

çəkmək

cabbir

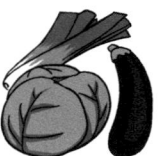

tərəvəz

khudaar

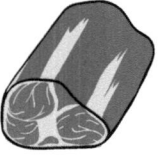

ət

hilib

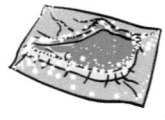

dondurulmuş qida

cunto la qaboojiyay

soyuq ət yeməyi

hilibka qadada

konservləşdirilmiş qida

cunto gasacadeysan

yuyucu toz

oomo

şirniyyat

macmacaan

təsərrüfat malları

alaabada guri

yuyucu vasitələr

alaabo nadaafad

satıcı

iibshe

kassa

diiwaan lacagta

kassir

qasnaji

alış-veriş siyahısı

liis adeeg

iş saatları

saacadaha shaqo

pul kisəsi

shandada jeebka

kredit kartı

kaar amaah

torba

bac

plastik torba

bac

su

biyo

şirə

casiir

süd

caano

cola

kooka-kola

şərab

khamri

pivə

biir

alkoqollu içkilər

khamri

kakao

kooke

çay

shaah

qəhvə

kafee

espresso

isberesso

kapuçino

koobishiin

banan

muus

alma

tufaax

portağal

liin-bambeelmo

yemiş

qare

limon

liin

yerkökü

karooto

sarımsaq

toon

bambuq

baambuu

soğan

basal

göbələk

barkin-waraabe

qoz-fındıq

loos

əriştə

baasto

spagetti

baasto

düyü

bariis

salat

salar

cips

jibsi

qızardılmış kartof

baradho shiilan

pizza

biise

hamburger

haambeegar

sandviç

saanwij

eskalop

hilib-jiir

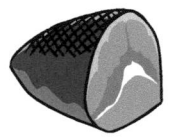

hisə verilmiş donuz əti

hilib-doofaar

salyami

salami

kolbasa

sooseej

toyuq

hilib-digaag

qızardılmış ət tikəsi

duban

balıq

kalluun

yulaf yarması

sareenta mashaarida

müsli

quraac isku-dhafan

partlaq qarğıdalı

daango

un

bur

kruassan

nooc rooti ah

bulka

rooti

çörək

rooti

tost

rooti-la-kulluleeyey

peçenye

buskud

kərə yağı

subag

kəsmik

hanti

tort

doolsho

yumurta

ukun

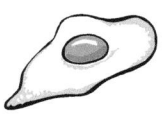

qayğanaq

ukun shiilan

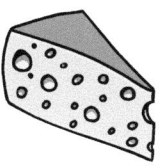

pendir

burcad

dondurma

jalaato

şəkər

sonkor

bal

malab

mürəbbə

malmalaado

şokolad pastası

labeen macmacaan

köri

suugo

kəndli ev
guri-beereed

anbar
xero-xoolaad

saman dəsti
caws jiilaal

sahə
beer

at
faras

qoşqu
gaari isjiid ah

dayça
faras yare

traktor
cagafcagaf

eşşək
dameer

quzu
neyl

qoyun
idaha

keçi
ri'

inək
sac

dana
weyl

donuz
doofaar

donuz balası
dhal doofaar

öküz
dibi

qaz

bawaato lab

ördək

bawaato

cücə

jiijiile

toyuq

digaag

xoruz

diiq

siçovul

doolli

pişik

bisad

siçan

jiir

öküz

dibi

it

eey

itdamı

hoyga eeyga

bağ şlanqı

tuubbo waraab

susəpən

sakeelka waraabinta

dəryaz

gudin

kotan

carro-roge

oraq
gudin

kətman
yaambo

yaba
fargeeto caws-beereed

balta
faas

əl arabası
gaari -gacan

çalov
dar

süd bidonu
dhalada caanaha

çuval
jawaan

çəpər
deer

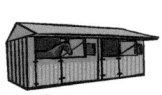

tövlə
xero xooleed

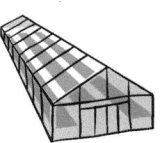

istixana
gur-biqlin-dhireed

torpaq
ciidda

toxum
abuuka

gübrə
bacrimiye

taxılbiçən kombayn
cagafta beer-goynta

ferma - beer

məhsul yığmaq

beer-goyn

məhsul yığımı

beer-gooyn

yam

moxog

buğda

sarreen

soya

soya

kartof

baradho

dən

galley

raps

geed-saliideed

meyvə ağacı

geed mirood

maniok

moxog

yarma

firiley

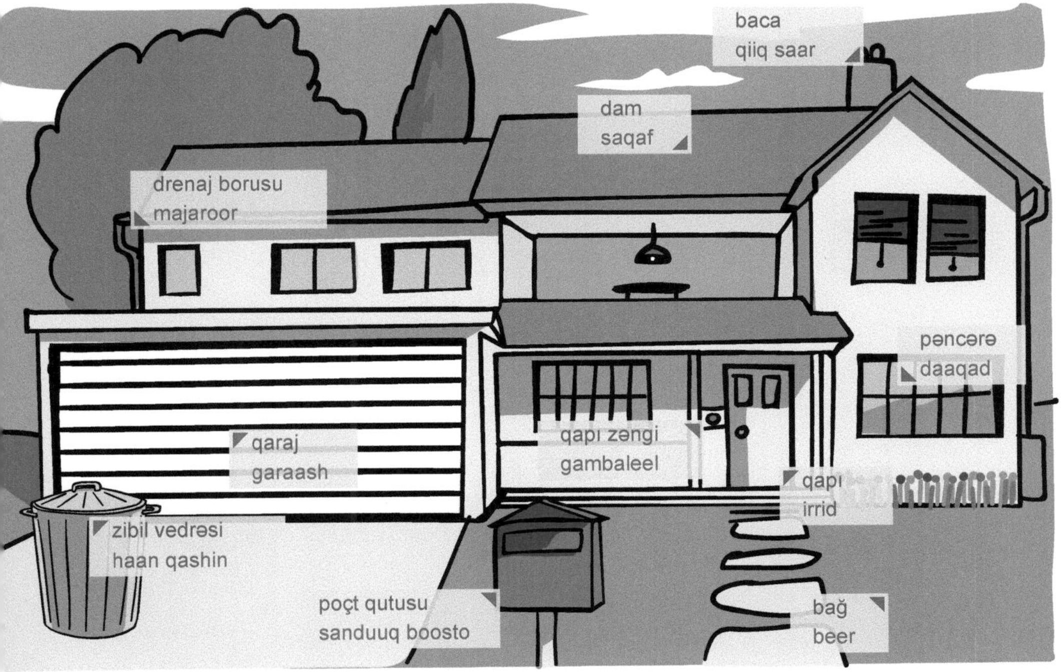

baca
qiiq saar

dam
saqaf

drenaj borusu
majaroor

pəncərə
daaqad

qaraj
garaash

qapı zəngi
gambaleel

qapı
irrid

zibil vedrəsi
haan qashin

poçt qutusu
sanduuq boosto

bağ
beer

qonaq otağı
qol jiib

hamam otağı
musqul-qubeys

mətbəx
jiko

yataq otağı
qolka jiifka

uşaq otaqı
qolka ilmaha

yemək otağı
qolka cuntada

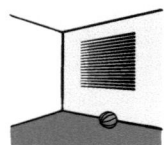

döşəmə

sagxad

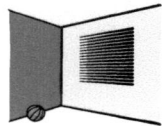

divar

derbi

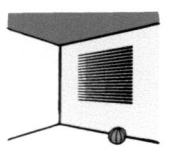

tavan

saqaf

zirzəmi

makhaasiin

sauna

soona

balkon

balakoon

terras

daarad

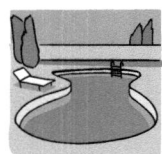

üzgüçülük hovuzu

barkad

otbiçən maşın

caws-jare

mələfə

buste

yataq örtüyü

go'

yataq

sariir

süpürgə

xaaqin

vedrə

baaldi

elektrik açarı

daare-damiye

qonaq otağı
qol jiib

divar kağızı
sharaaxd-derbi
şəkil
sawir
lampa
feynuus
rəf
qaanad
şkaf
armaajo
televiziya
telefiishan
buxarı
dab-shid
gül
ubax
yastıq
barkin
divan
fadhi-carbeed
vaza
dheri-ubax
uzaqdan idarəetmə
rimuud

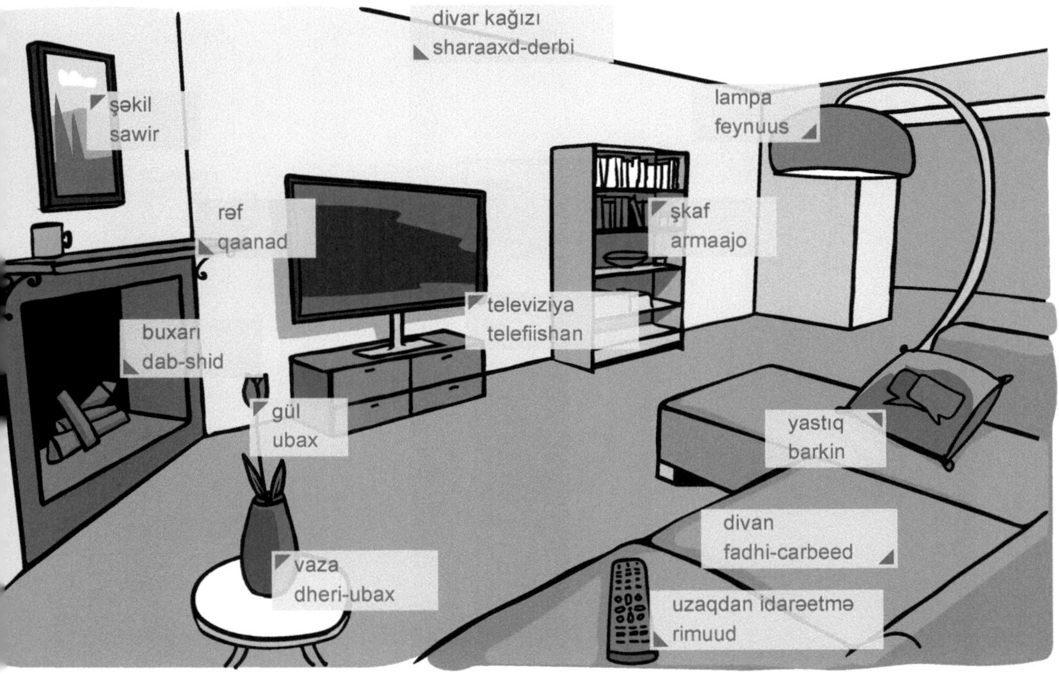

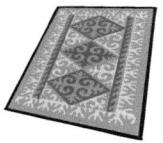

xalça
roog

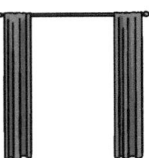

pərdə
daah

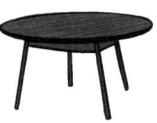

masa
miis

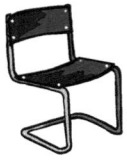

kreslo
kursi

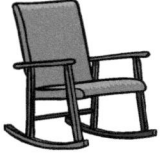

yırğalanan stul
kursi wareega

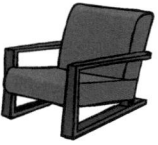

kreslo
kursi fadhi

kitab
buug

yorğan
buste

bəzək
qurxin

odun
xaabo

film
filin

stereo səs sistemi
cod-baahiye

açar
fure

qəzet
wargeys

rəsm əsəri
rinjiyeyn

plakat
tabeelo

radio
raadiye

bloknot
xusuus-qor

tozsoran
huufar

kaktus
tiitiin

şam
shumac

mətbəx
jiko

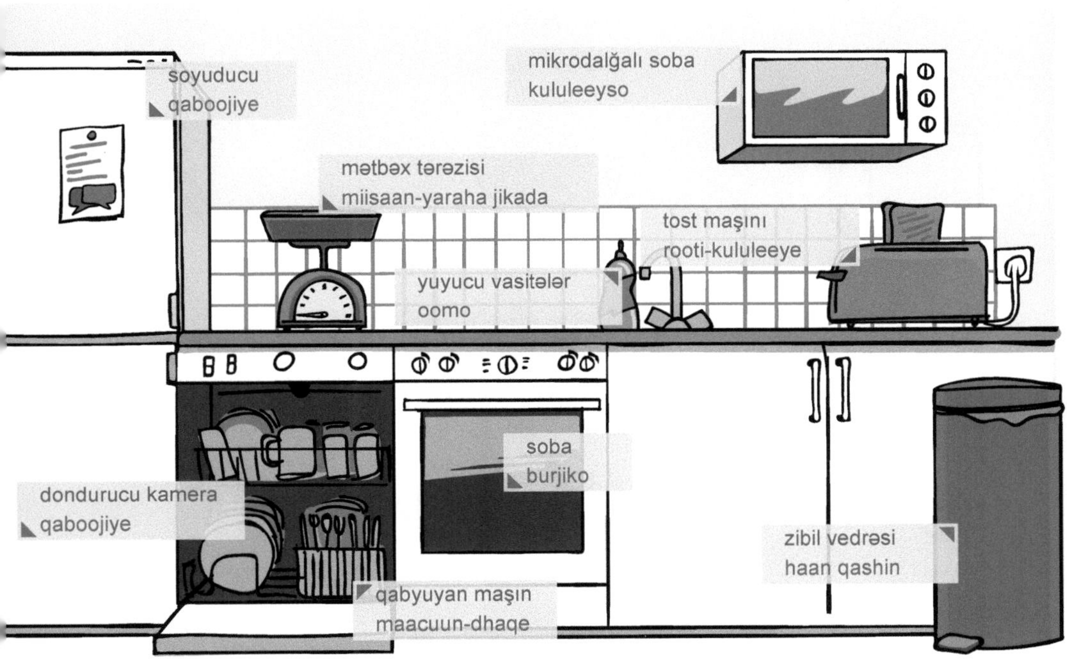

soyuducu
qaboojiye
mikrodalğalı soba
kululeeyso
mətbəx tərəzisi
miisaan-yaraha jikada
tost maşını
rooti-kululeeye
yuyucu vasitələr
oomo
soba
burjiko
dondurucu kamera
qaboojiye
zibil vedrəsi
haan qashin
qabyuyan maşın
maacuun-dhaqe

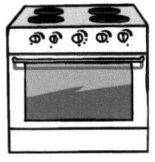

soba

kuuker

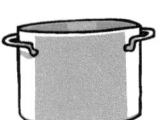

qazan

dheri

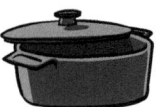

çuqun qazan

birtaawo

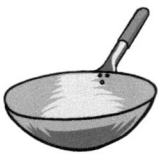

vok / kadai

birtaawo

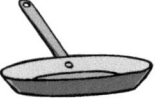

tava

birtaawo

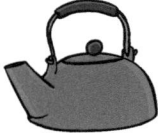

çaydan

kirli

buxar qazanı
uumiye

sac
saxaarad dubista

qab
maacuun

fincan
bakeeri

ləyən
baaquli

yemək üçün çubuqlar
qoryo wax lagu cuno

çömçə
malqacad

spatula
qaado

çırpıcı
folow

süzgəc
miire

ələk
shashaq

sürtgəc
qudaar-jare

həvəngdəstə
mooye

barbekyu
hilib-sol

ocaq
dab

doğrama taxtası

alwaaxa wax-jar-jarka

oxlov

ul jabaati

probkaçıxaran

guf-saare

banka

gasac

bankaağzıaçan

gasac-fure

qabtutan

istaraasho-jiko

əl üz yuyan

saxanka-alaab-dhaqa

fırça

caday

süngər

isbuunyo

blender

shiide

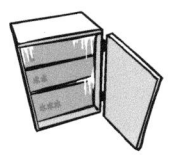

dondurucu

qaabojin qoto-dheer

körpə şüşəsi

masaasad

kran

tuubbo

hamam otağı
musqul-qubeys

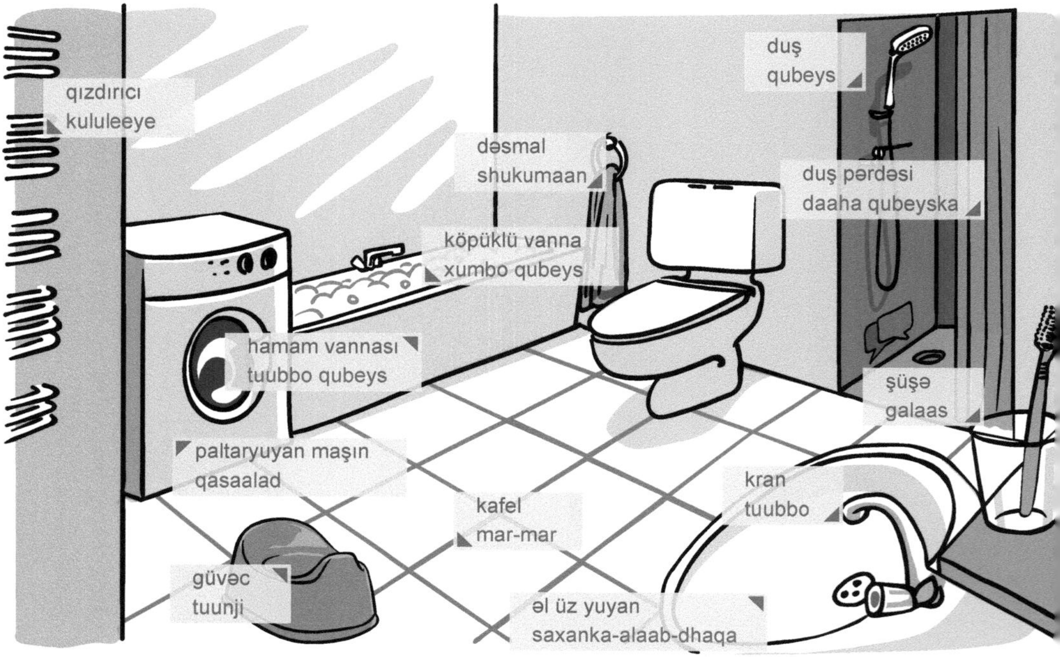

qızdırıcı
kululeeye
duş
qubeys
dəsmal
shukumaan
duş pərdəsi
daaha qubeyska
köpüklü vanna
xumbo qubeys
hamam vannası
tuubbo qubeys
şüşə
galaas
paltaryuyan maşın
qasaalad
kran
tuubbo
kafel
mar-mar
güvəc
tuunji
əl üz yuyan
saxanka-alaab-dhaqa

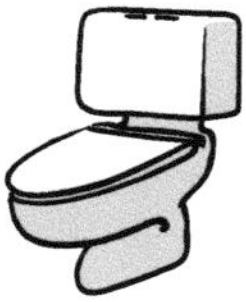

tualet
musqul

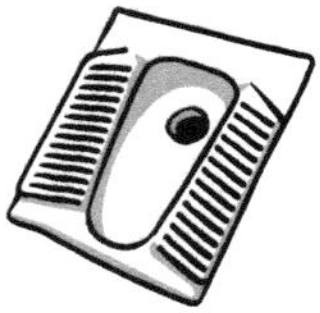

çömbəlmə tualet
musqusha fadhiga

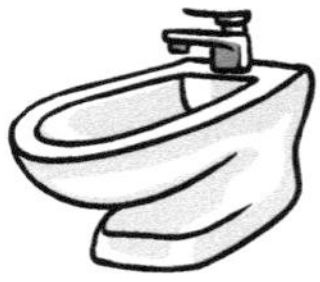

bide
siin

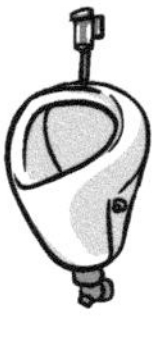

urinal
weel kaadi

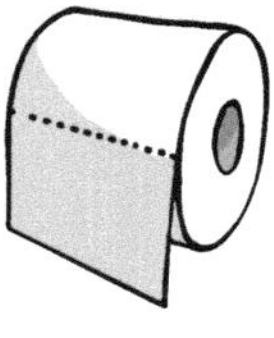

tualet kağızı
tiish musqul

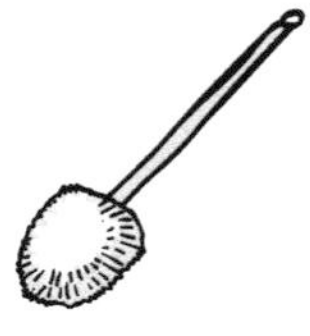

tualet fırçası
burushka musqusha

diş fırçası
caday

diş pastası
daawo caday

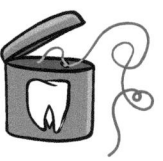

diş ipi
dunta ilka farashada

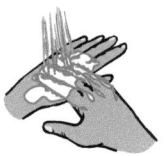

yumaq
dhaq

əl duşu
gacan qubeys

intim duş
tuubo-musqul

taz
beeshin

bel fırçası
burush-qubeys

sabun
saabuun

duş üçün gel
shaambo

şampun
shaambo

əsgi
cago-saar

drenaj
biyo-saare

krem
kareem

dezodorant
carfiso

güzgü

muraayad

əl güzgüsü

muraayad gacmeed

ülgüc

sakiin

üz qırxmaq üçün köpük

xumbada xiirashada

təraşdan sonra su

daawo gar-xiir

daraq

shanlo

fırça

burush

fen

fooneeye

saç spreyi

timo-buufis

makiyaj

waji-qurxiye

dodaq boyası

rooseeto

dırnaq lakı

cidiyo-nadiifiye

pambıq

dun

dırnaq qayçısı

cidiyo-jar

ətir

baarafuun

gigiyenik torba

boorso-wajidhaq

kətil

saxaro

tərəzi

miisaan culays

hamam xalatı

dhar-qubeys

rezin əlcək

gacma gashi cinjir

tampon

tambooni

gigiyenik salfet

tiimshe

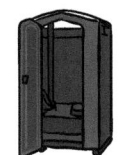

kimyəvi tualet

musqul kiimiko

uşaq otaqı
qolka ilmaha

zəngli saat
saacadda dhawaaqda
yumşaq oyuncaq
boombale caruur
oyuncaq avtomobil
baabuur caruureed
cingilti
sanqadh
kukla evciyi
guriga caruusada
hədiyyə
hadiyad

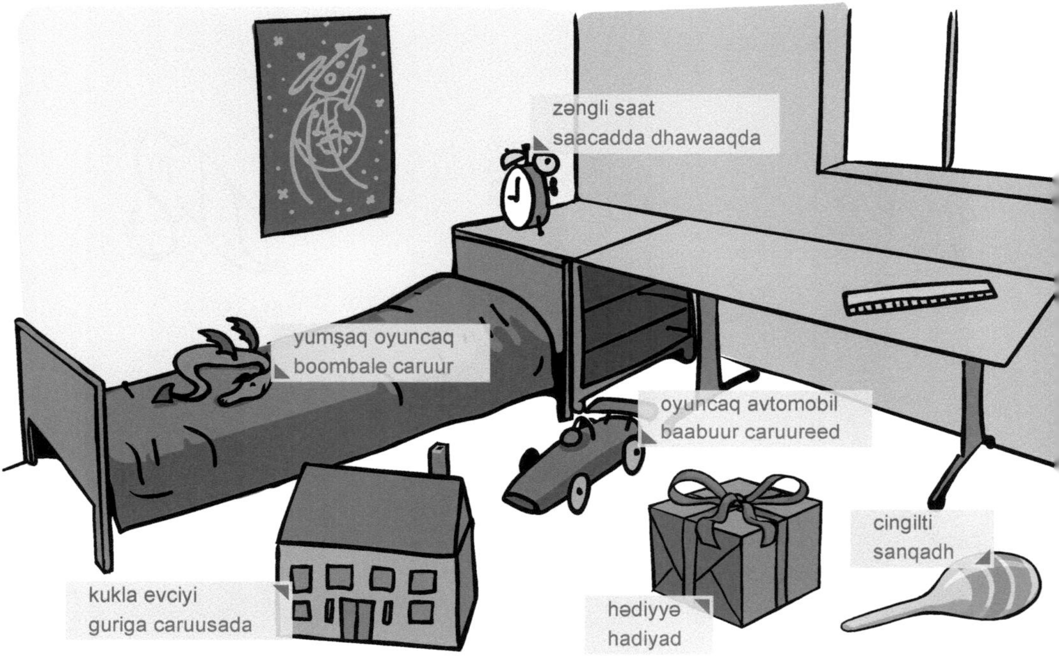

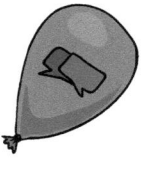

balon

buufin

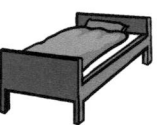

yataq

sariir

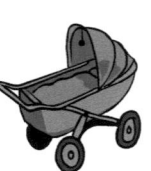

uşaq arabası

gaariga caruurta

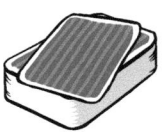

kart dəsti

turub

elektrik mişarı

miinshaar

SUPER MEGA

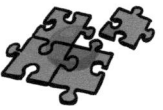

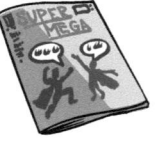

komik

maad

leqo kərpici

bulkeeti boombale ah

konstruktor blokları

tooy

oyuncaq-personaj

sanam

yeni doğulmuş körpələr üçün geyimi

isku-jooga dhallaanka

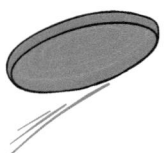

frisbi

aalad cayaar

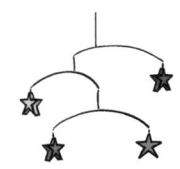

yataq üstünə asılan körpə oyuncağı

moobaayl

masaüstü oyun

khamaar

zər

laadhuu

oyuncaq qatar

moodo tareen

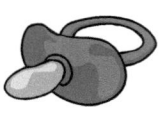

emzik

boombale

qonaqlıq

xaflad

rəsmli kitab

buug sawirro

top

kubbad

kukla

boombale

oynamaq

cayaar

qum qutusu

dhoobo-dhoobeey

yelləncək

wiifoow

oyuncaqlar

alaab-alaabeey

video oyun konsolu

geemka gacanta laga hago

üç təkərli velosiped

baaskiil

plüşdən hazırlanmış oyuncaq ayı

boombale

şkaf

armaajo dhar

geyim

dhar

corab

sigisaan

corab

sigsaan haween

kalqotka

surwaal-dhuuqsan

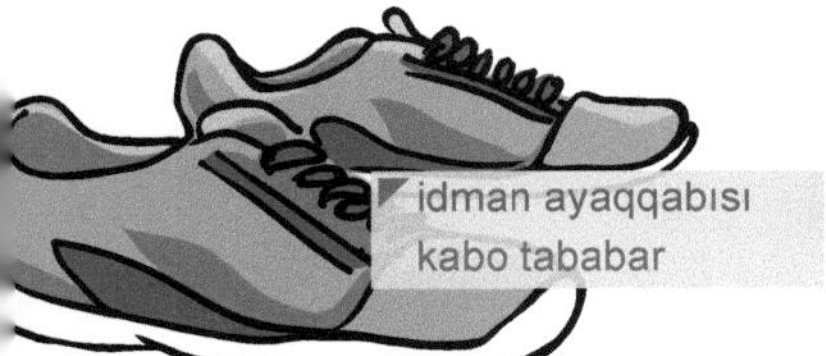

kaşne
masar

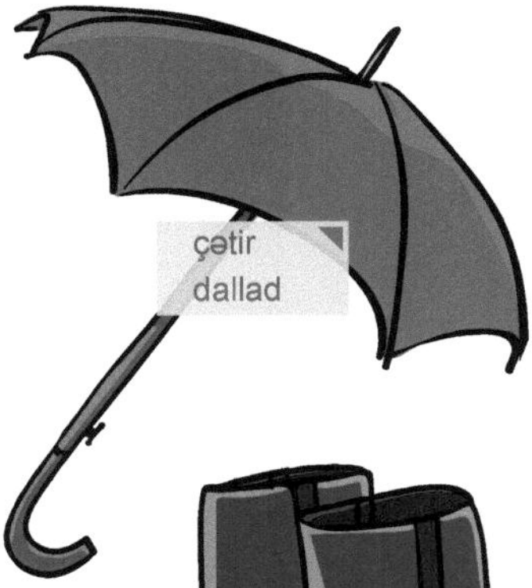

kəmər
suun

çətir
dallad

t-shirt
funaanad

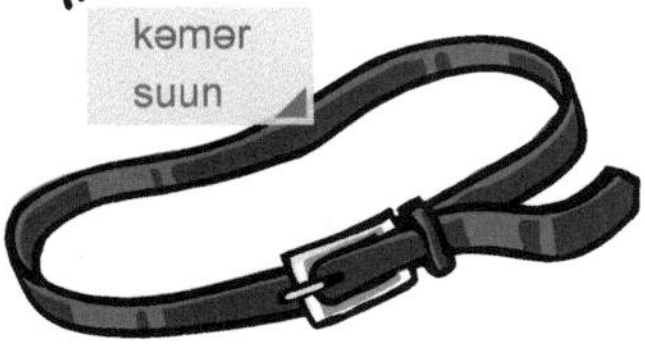

çəkmə
kabo buud

idman ayaqqabısı
kabo tababar

şəpit
dacas

sandallar
saandalo

ayaqqabı
kabo

rezin çəkmələr
kabo roob

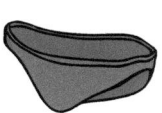

dizlik
hoos-gashi

lifçik
rajabeeto

alt köynəyi
garan

geyim - dhar

alt paltarı
jir

şalvar
surwaal

cins
surwaal jeenis

yubka
goono

bluza
canbuur

köynək
shaati

sviter
funaanad-dhaxameed

başlıqlı idman gödəkçəsi
garan dhaxameed

gödəkçə
jaakad fudud

gödəkcə
jaakad

pencək
koodh

plaş
koodhka roobka

kostyum
dhar-munaasabadeed

paltar
labbis

gəlin paltarı
lebbis aroos

kostyum
suut

gecə köynəyi
dhar-hurdo

pijama
bajaamo

sari
saari

hicab / eşarp
masar

çalma
cimaamad

burka
cabaayad

kaftan
saako

abaya
cabaayad

çimərlik geyimi
dharka-dabaasha

tumuş
dabo-gaabyo

şort
surwaal-dabagaab

məşq kostyumu
taraak-suut

önlük
dufan-dhowr

əlcək
gacmo gashi

düymə
galluus

eynək
ookiyaale

bilərzik
jijin

boyunbağı
silis

üzük
faraati

sırğa
dhego dhego

papaq
koofiyo

asılqan
katabaan

papaq
koofiyad

qalstuk
garabaati

zəncirbənd
jiinyeer

dəbilqə
helmed

aşırma
ilko-reeb

məktəb uniforması
direes dugsi

uniforma
direes

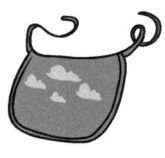

döşlük

cayo-dhowr

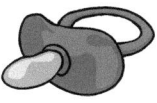

emzik

boombale

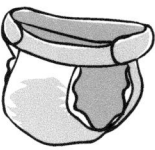

körpə bezi

maro-dufeed

ofis

xafiis

server
khad-bixiye
arxiv şkafı
armaajo feylal
printer
daabace
kağız
warqad
monitor
shaashad
siçan
hage kombuyuutar
iş masası
miis
qovluq
gal
klaviatura
teeb-kombuyuutar
zibil qutusu
haan qashin-gur
kompyuter
kombuyuutar
stul
kursi

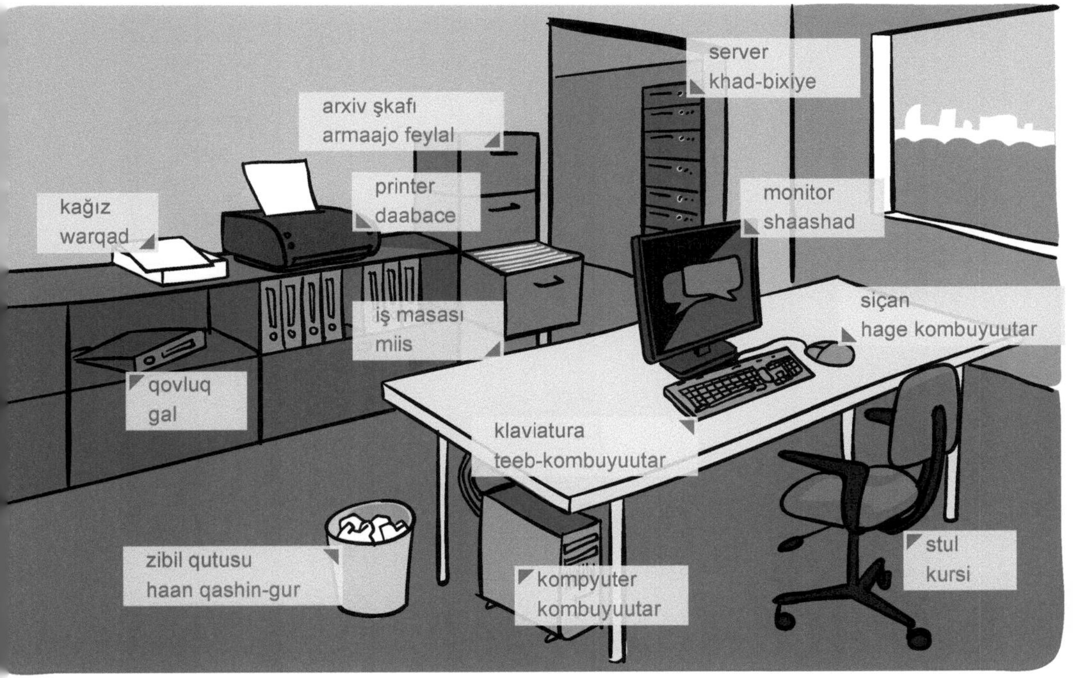

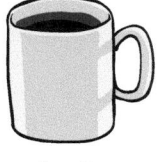

qəhvə fincanı

koob kafee

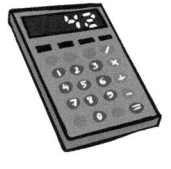

kalkulyator

kalkuleytar/xisaabiye

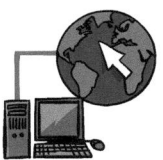

internet

internet

laptop
laabtoob

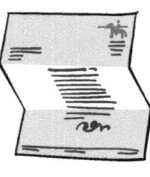

məktub
bakhshad

mesaj
fariin

mobil telefon
moobaayl

şəbəkə
shabakad-kombuyuutar

surətçıxaran maşın
footokoobi

proqram təminatı
barnaamij-kombuyuutar

telefon
telefoon

ştepsel
god koronto

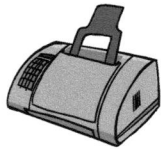

faks
mishiinkan fax-ka

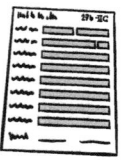

forma
foomka

sənəd
dokumenti

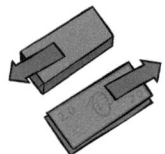

satın almaq

iibso

ödəmək

bixi

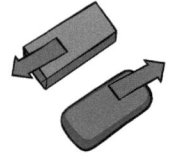

alverlə məşğul olmaq

ganacso

pul

lacag

 **USD**

dollar

doollar

 **EUR**

avro

yuuro

 **JPY**

yen

yenka jabbaan

 **RUB**

rubl

robolka ruushka

 **CHF**

frank

Franka iswiiska

 **CNY**

renminbi yuan

lacagta shiinaha

 **INR**

rupi

rubiyada hindiga

bankomat

maqal

valyuta mübadiləsi
məntəqəsi
xafiiska sarrifaka lacagaha

qızıl
dahab

gümüş
qalin

neft
shidaal

enerji
tamar

qiymət
qiime

müqavilə
qandaraas

vergi
canshuur

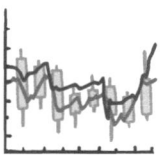

səhm
raasumaal

işləmək
shaqee

işçi
shaqaale

işəgötürən
shaqaaleysiiye

fabrik
warshad

dükan
dukaan

polis əməkdaşı
sarkaal booliis

yanğınsöndürən
dab-demiye

aşbaz
cunto-kariye

həkim
dhakhtar

pilot
duuliye

bağban
beeralley

dülgər
nijaar

dərzi
timo-qurxiso

hakim
qaaddi

kimyaçı
farmashiiste

aktyor
jile

avtobus sürücüsü

darawal bas

taksi sürücüsü

taksiile

balıqçı

kalluumeyste

xadimə

nadiifiso

dam işçisi

saqaf-dhise

ofisiant

kabalyeeri

ovçu

ugaarsade

rəssam

rinjiile

çörəkçi

rooti-dube

elektrik ustası

koronto-yaqaan

inşaat işçisi

dhise

mühəndis

injineer

qəssab

kawaanle

santexnik

tuubbiiste

poçtalyon

boostaale

əsgər

askari

memar

injineer-dhismo

kassir

qasnaji

gül-çiçək satıcısı

ubax-yaqaan

bərbər

timo-jare

konduktor

kiro-uruuriye

mexanik

makaanik

kapitan

kabtan

diş həkimi

dhakhtar-ilko

alim

saaynisyahan

ravvin

wadaad yahuud

imam

imaam

rahib

xerow

keşiş

wadaad

alətlər
qalab

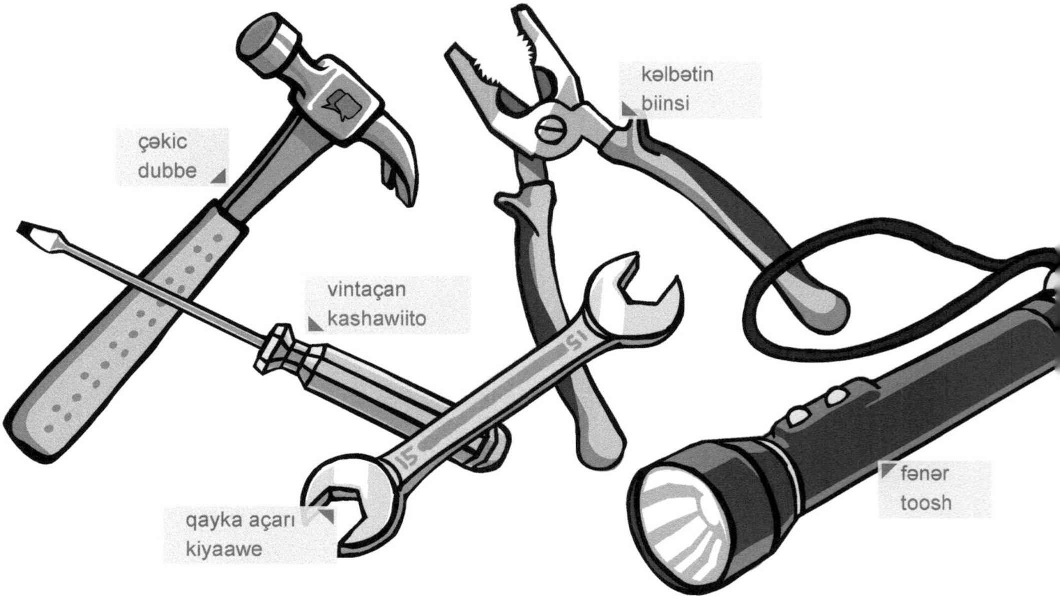

çəkic
dubbe
kəlbətin
biinsi
vintaçan
kashawiito
qayka açarı
kiyaawe
fənər
toosh

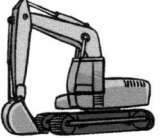

ekskavator

dhul-qoddo

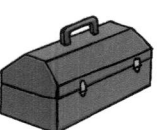

alətlər qutusu

qalab-xajiye

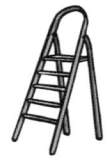

nərdivan

jaraanjaro

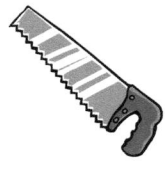

mişar

miinshaar

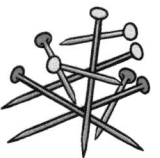

dırnaqlar

musbaarro

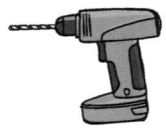

drel

dalooliye

təmir etmək
dayactir

kürək
badiil

Lənət olsun!
inkaar kugu dhacday!

xəkəndaz
bus-xaabiye

boya vedrəsi
gasacad rinji

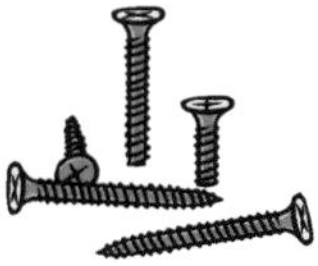

vintlər
boolal

musiqi alətləri
qalab muusiko

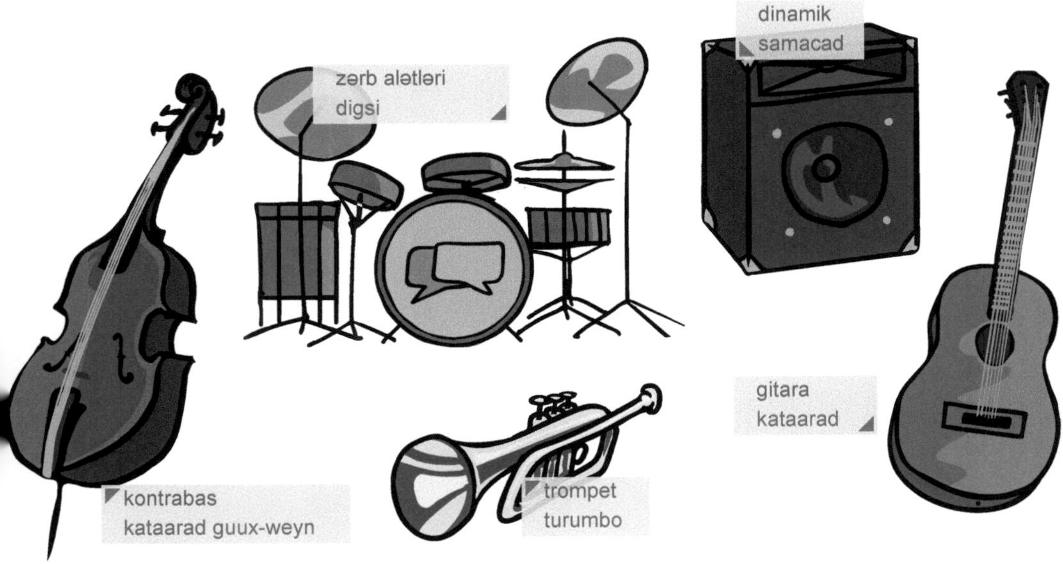

dinamik
samacad

zərb alətləri
digsi

gitara
kataarad

kontrabas
kataarad guux-weyn

trompet
turumbo

fortepiano

biyaano

skripka

fiyooliin

bas

karaarad guux-dheer

timpani

durbaan-sheegagle

nağara

durbaan

sintezator

loox-xarfeed-biyaano

saksafon

turumbo

fleyta

siin-baar

mikrofon

makarafoon

zoopark

beer-xayawaan

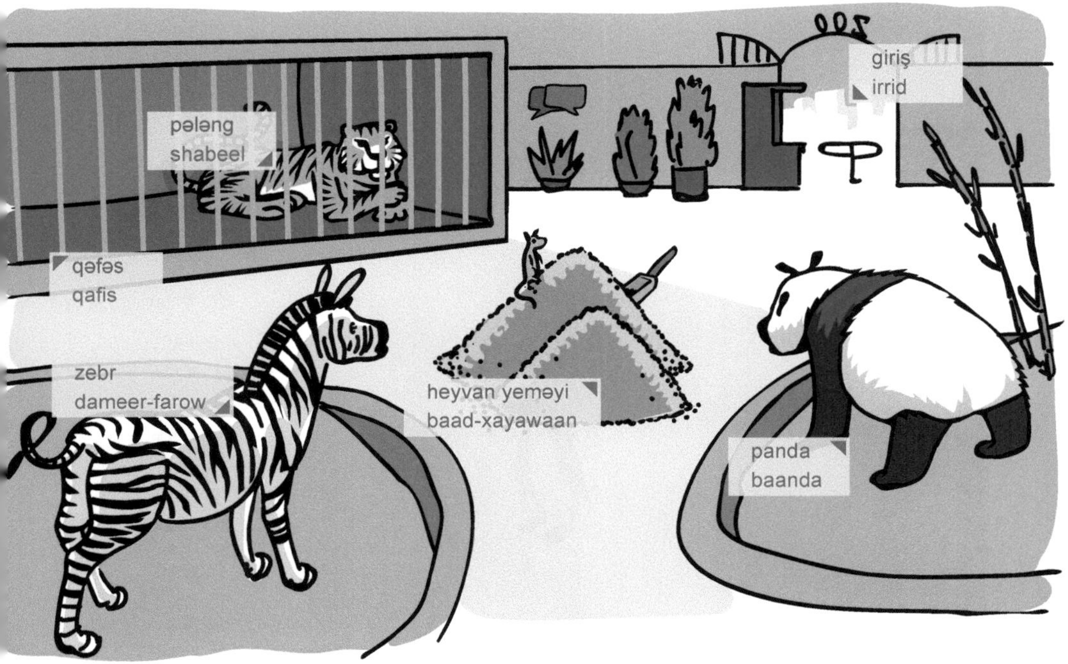
giriş
irrid
pələng
shabeel
qəfəs
qafis
zebr
dameer-farow
heyvan yeməyi
baad-xayawaan
panda
baanda

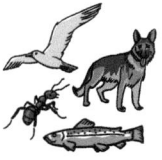

heyvanlar

xayawaan

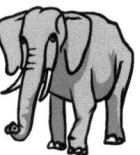

fil

maroodi

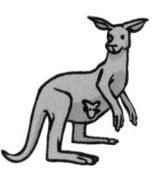

kenquru

kaangaruu

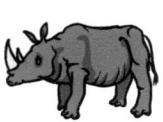

kərgədan

wiyil

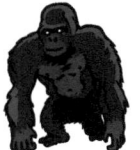

qorilla

goriille

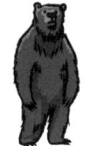

ayı

oorso

dəvə
geel

dəvəquşu
gorayo

aslan
libaax

meymun
daanyeer

flamingo
xiita-luga-dheer

tutuquşu
baqbaqaa

qütb ayısı
oorso baraf-ku-nool

pinqvin
shimbir baraf

köpəkbalığı
libaax-badeed

tovuz
daa'uus

ilan
mas

timsah
yaxaas

zoopark işçisi
beer-xayawaan ilaaliye

suiti
bahal kalluun-cun

yaquar
shabeel-u-eke

poni

dhal faras

bəbir

harmacad

hippopotam

jeer

zürafə

geri

qartal

gorgor

qaban

doofaar-jilibeey

balıq

kalluun

tısbağa

qubo

morj

maroodi-badeed

tülkü

dawaco

ceyran

deero

amerikan futbolu
kubadda-cagta maraykanka

velosiped sürmek
tartanka bashkuleetiga

tennis
kubbadda miiska

basketbol
kubbadda koleyga

üzgüçülük
dabaal

boks
cayaarta feerka

buz xokkeyi
hookiga barafka lagu dhe

futbol
kubadda cagta

badminton
baadminton

yüngül atletika
ciyaaraha fudud

həndbol
kubadda gacanta

xizək
iskii/ciyaarta barafka

polo
cayaar-faras

fəaliyyət
hawlo

gülmək
qosol
tullanmaq
boodid
qucaqlaşmaq
hab-siin
getmək
soco
oxumaq
hees
yuxu qörmək
riyo
dua etmək
duceyso
öpüşmək
dhunkasho

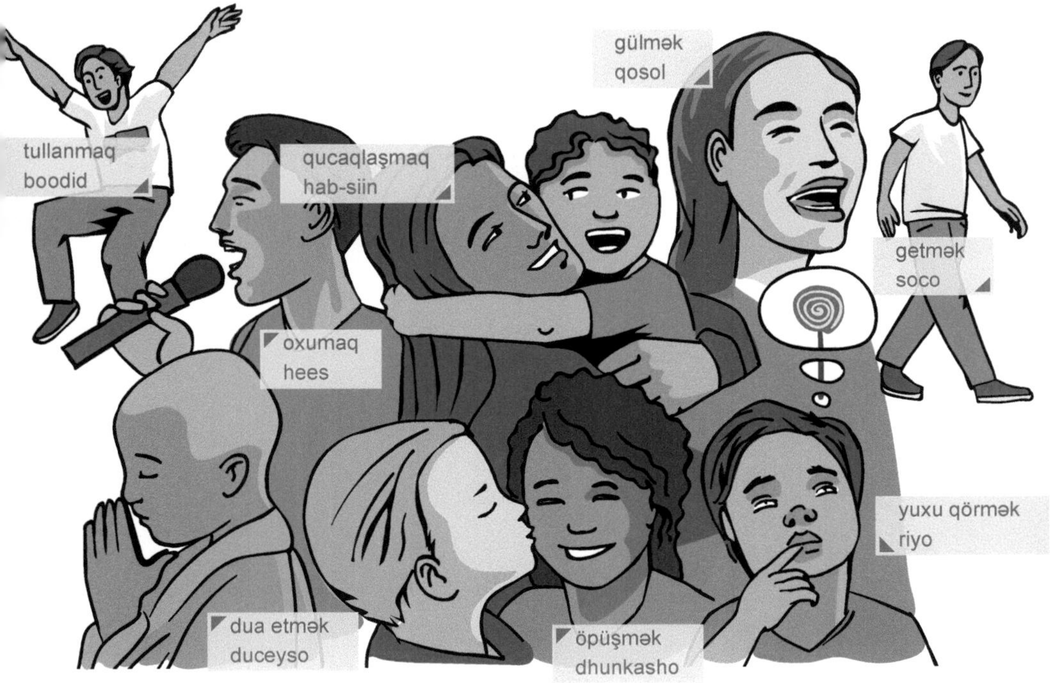

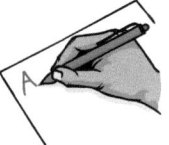

yazmaq

qorraxeed

çəkmək

masawirid

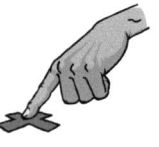

göstərmək

muuji

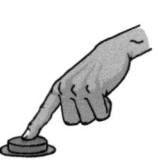

itələmək

riix

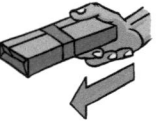

vermək

sii

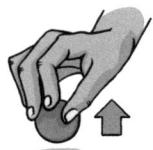

götürmək

qaado

sahibi olmaq

haysasho

etmək

samee

olmaq

ahaansho

durmaq

istaag

qaçmaq

orod

çəkmək

jiid

atmaq

tuur

düşmək

dhicid

uzanmaq

been-sheegid

gözləmək

sug

daşımaq

qaad

oturmaq

fariiso

geyinmək

labiso

yatmaq

seexo

ayılmaq

toos

baxmaq
fiiri

ağlamaq
ooy

sığallamaq
dhuftay

daramaq
shanleyso

danışmaq
hadal

anlamaq
faham

soruşmaq
weydii

dinləmək
dhageysasho

içmək
cab

yemək
cun

təmizləmək
habee

sevmək
jacayl

bişirmək
kari

sürmək
kaxee

uçmaq
duulid

üzmək
shiraaco

hesablamaq
xisaabi

oxumaq
akhri

öyrənmək
barasho

işləmək
shaqee

evlənmək
guurso

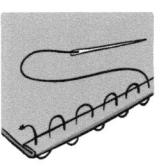

tikmək
tol

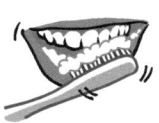

dişləri təmizləmək
cadayso

öldürmək
dilid

siqaret çəkmək
sigaar cab

göndərmək
dir

ailə

qoys

nənə
ayeeyo
baba
awoowe
ata
aabbe
ana
hooyo
körpə
ilmo
qız
gabar
oğul
wiil

qonaq

marti

xala/bibi

eeddo

əmi/dayı

adeer

qardaş

walaal rag

bacı

walaal dumar

bədən
jir

alın
fool
göz
il
çiyin
garab
barmaq
far
üz
weji
buxaq
gar
əl
gacan
ayaq
lug
döş
naas
qol
cudud

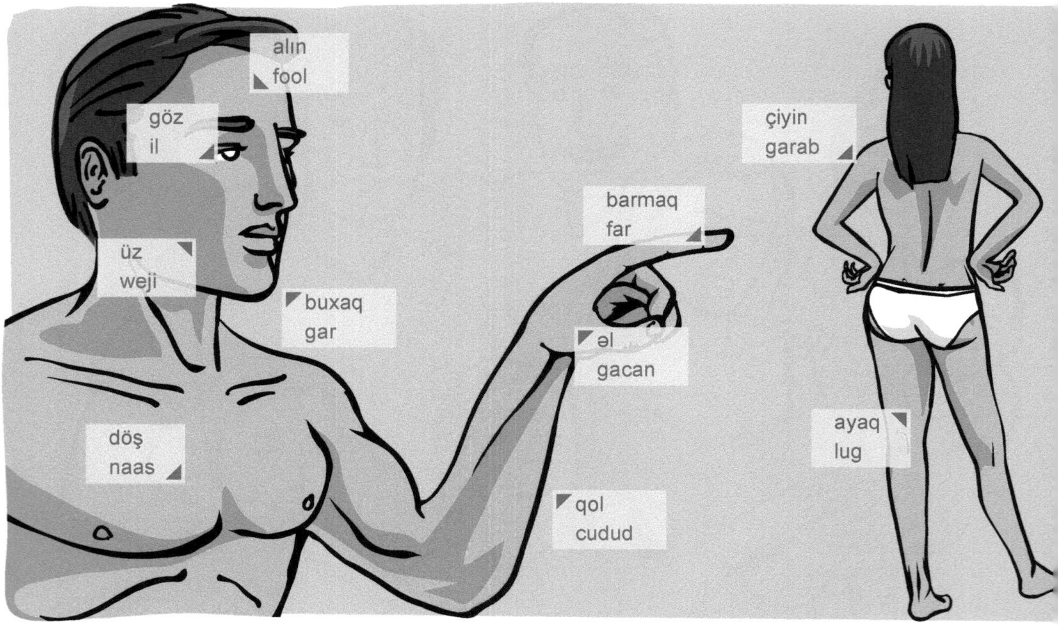

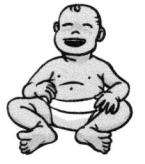

körpə
ilmo

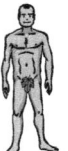

kişi
nin

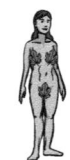

qadın
naag

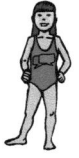

qız
gabar

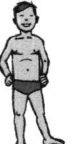

oğlan
wiil

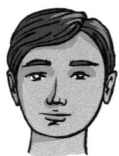

baş
madax

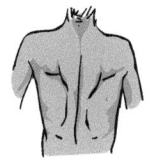

bel
dhabar

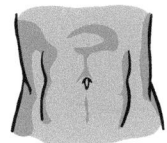

qarın
calool

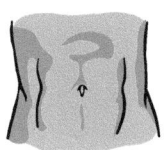

göbek
xuddun

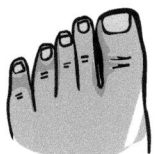

ayaq barmağı
suul

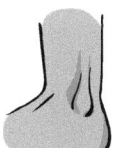

daban
cirib

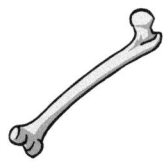

sümük
laf

bud
sin

diz
jilib

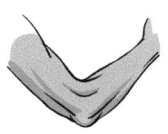

dirsək
xusul

burun
san

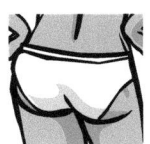

sağrı
bari

dəri
maqaar

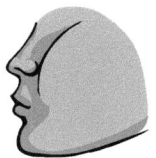

yanaq
dhafoor

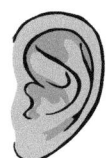

qulaq
dheg

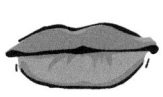

dodaq
bishin

ağız

af

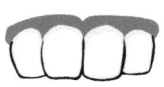

diş

ilig

dil

carrab

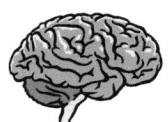

beyin

maskax

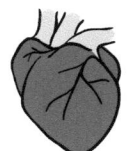

ürək

wadno

əzələ

muruq

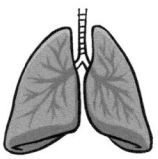

ağciyər

sambab

qaraciyər

beer

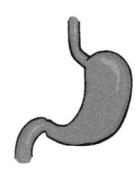

mədə

uur kujirta caloosha

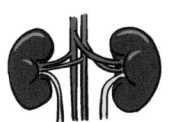

böyrəklər

kelyo

cinsi yaxınlıq

galmo

kondom

cinjir-galmo

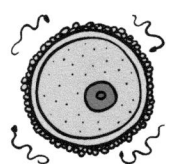

qadın cinsi hüceyrə

ugxan

sperma

shahwo

hamiləlik

uur

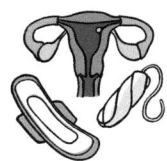

aybaşı
caado

vagina
siil

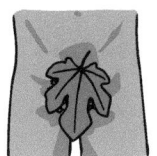

penis
gus

qaş
suni

saç
timo

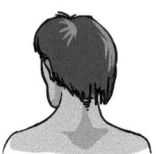

boyun
qoor

xəstəxana

isbitaal

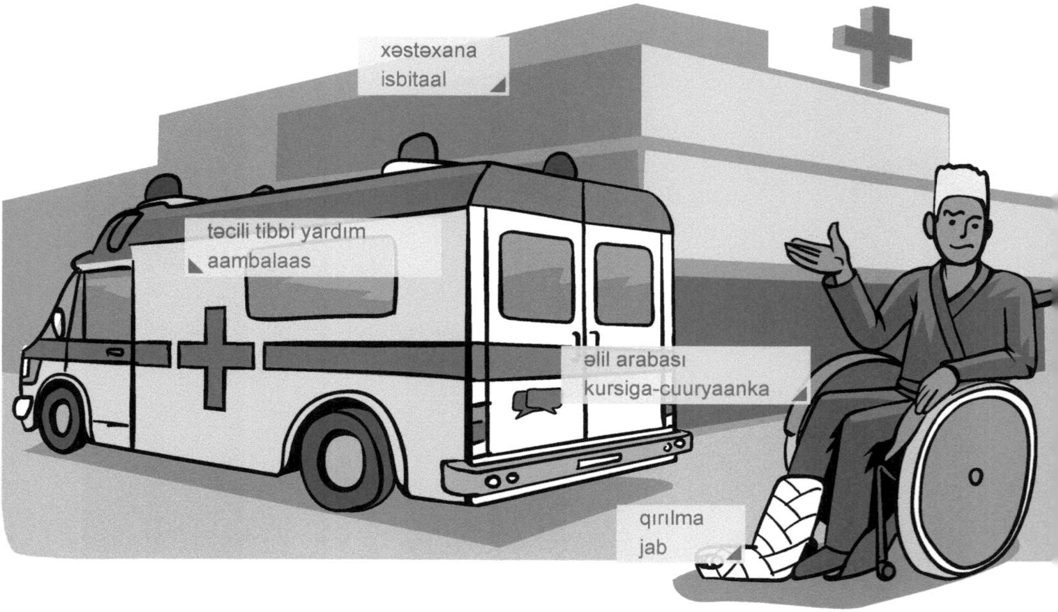

xəstəxana
isbitaal
təcili tibbi yardım
aambalaas
əlil arabası
kursiga-cuuryaanka
qırılma
jab

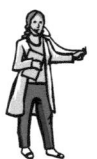

həkim

dhakhtar

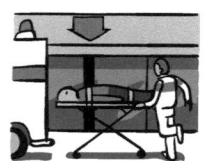

reanimasiya şöbəsi

qolka xaaladaha-degdega ah

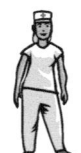

tibb bacısı

kalkaaliye

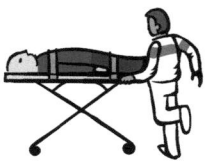

fövqəladə hallar

xaalad deg-deg ah

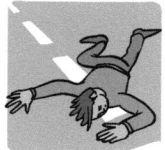

huşunu itirmiş

miyir-beelsan

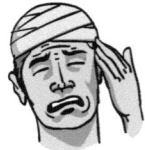

ağrı

xanuun

zədə
dhaawac

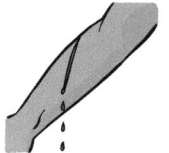

qanaxma
dhiig-bax

infarkt
wadno-xanuun

insult
qallal

allergiya
xasaasiyad

öskürək
qufac

qızdırma
qandho

qrip
hargab

ishal
shuban

başağrısı
madax-xanuun

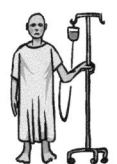

xərçəng
kansar

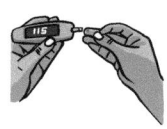

şəkərli diabet
cudurka sokoroow

cərrah
dhakhtarka-qalliinka

neştər
mindida qalliinka

əməliyyat
qalliin

xəstəxana - isbitaal

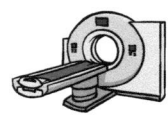

CT
iskaan

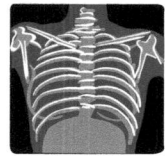

rentgen
raajo

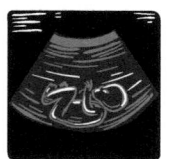

ultrasəs
dhawaaq-xawaareed

maska
maaskaro

xəstəlik
cudur sokoroow

gözləmə otağı
qolka sugitaanka

qoltuqağacı
ul lagu boodo

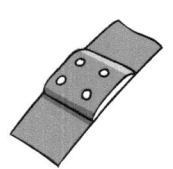

plaster
kab

sarğı
faashato

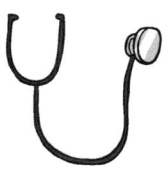

inyeksiya
duris

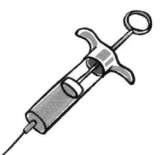

steteskop
wadne-dhegeyeste

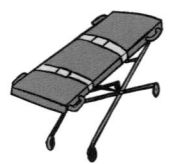

xərək
balankiino

hərarətölçən
heer-kul-beega qandhada

doğum
dhalasho

çəki artıqlığı
aad-u-cayilan

eşitmə aparatı

maqal-caawiye

dezinfeksiyaedici

jeermis-dile

infeksiya

caabuq

virus

feyras

QİÇS

AYDHIS/HIV

tibb

daawo

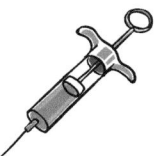

peyvənd

tallaal

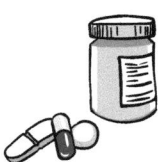

həblər

kaniiniyo

həb

kaniin

təcili zəng

wicitaan deg-deg ah

qan təzyiqini ölçmək üçün cihaz

cabbiraha dhiig-karka

xəstə / sağlam

xanuunsan / caafimaadsan

Kömək edin!

i caawiya!

həyəcan siqnalı

sawaxan

basqın

weerar-kadisa ah

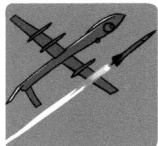

hücum

weerar

təhlükə

khatar

ehtiyat çıxışı

irridda bixida xaalad-deg-deg

Yanğın!

dab!

odsöndürən

dab demiye

qəza

shil

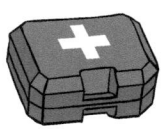

ilkin yardım qutus

saduuqa xaalada-degdega ah

SOS

codsi badbaado

polis

booliis

Avropa

Yurub

Şimali Amerika

woqooyiga ameerika

Cənubi Amerika

koonfurta ameerika

Afrika

Afrika

Asiya

Aasiya

Avstraliya

Oostareeliya

Atlantik

Atlaantik

Sakit Okean

Pacific

Hind okeanı

Bad-waynta hindiya

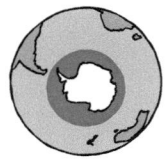

Antarktika Okeanı

Bad-waynta antarctica

Şimal Buzlu okeanı

Bad-waynta arctic

Şimal qütbü

cirifka waqooyi

Cənub qütbü

cirifka koonfureed

Antarktika

Antarctica

Yer kürəsi

dhul

ölkə

dhul

dəniz

bad

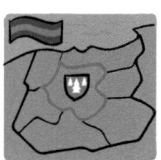

ada

jasiirad

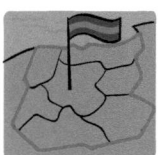

millət

waddan

dövlət

gobol

siferblat

wajiga saacadda

saat əqrəbi

gacanka saacada

dəqiqə əqrəbi

gacanka daqiiqada

saniyə əqrəbi

gacanka ilbiriqsiga

Saat neçədir?

waa intee saac?

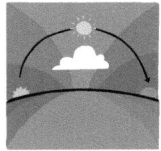

gün

maalin

vaxt

wakhti

indi

hadda

rəqəmsal saat

saacadda jiifarrada

dəqiqə

daqiiqad

saat

saacad

həftə

toddobaad

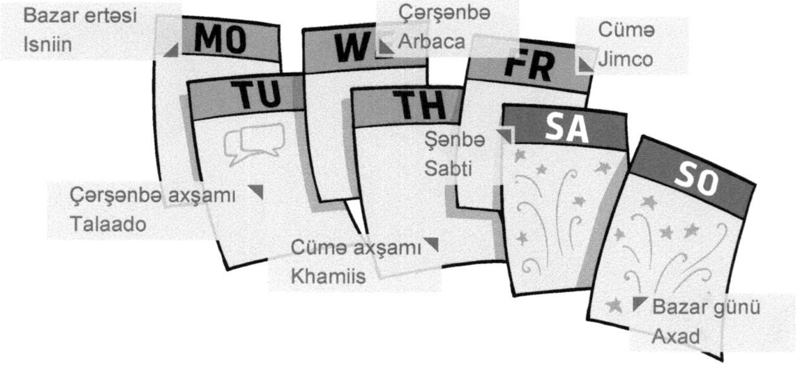

Bazar ertəsi
Isniin
MO

TU

Çərşənbə
Arbaca
W

TH

Cümə
Jimco
FR

SA

SO

Çərşənbə axşamı
Talaado

Cümə axşamı
Khamiis

Şənbə
Sabti

Bazar günü
Axad

TUE / MON **2 / 1**	**TUE** **2**	**TUE** **3**
dünən	bugün	sabah
shalay	maanta	berri

səhər	günorta	axşam
subax	duhur	casir

MO	TU	WE	TH	FR	SA	SU
1	2	3	4	5	6	7
8	9	10	11	12	13	14
15	16	17	18	19	20	21
22	23	24	25	26	27	28
29	30	31	1	2	3	4

iş günü
maalmaha shaqo

MO	TU	WE	TH	FR	SA	SU
1	2	3	4	5	6	7
8	9	10	11	12	13	14
15	16	17	18	19	20	21
22	23	24	25	26	27	28
29	30	31	1	2	3	4

həftə sonu
dabayaaqada usbuuca

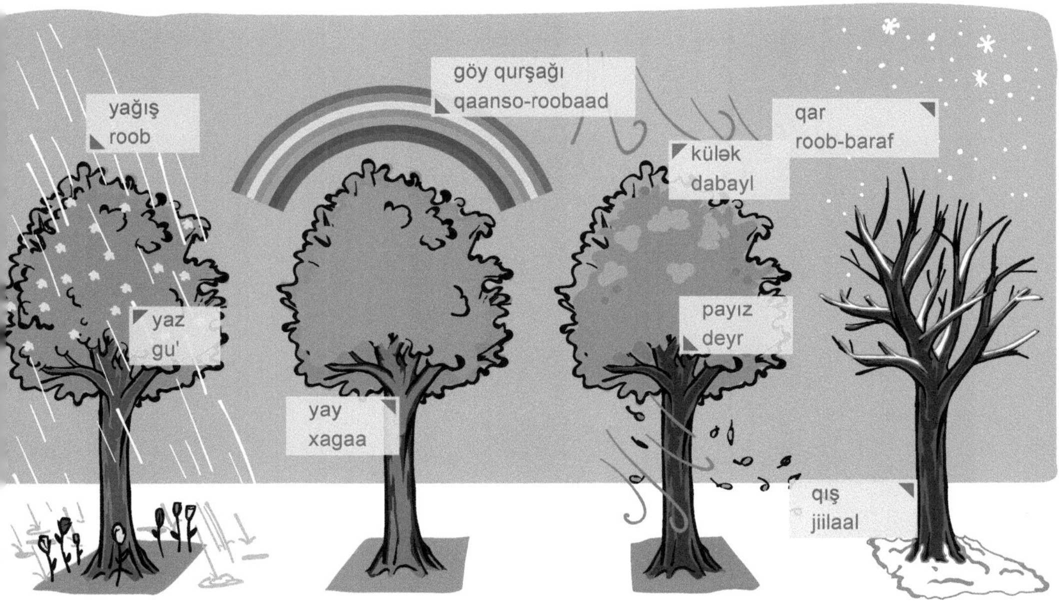

yağış
roob

göy qurşağı
qaanso-roobaad

qar
roob-baraf

külək
dabayl

yaz
gu'

payız
deyr

yay
xagaa

qış
jiilaal

4.APRIL	11°	☀
5.APRIL	4°	☁
6.APRIL	13°	☂
7.APRIL	8°	☀
8.APRIL	10°	☀

hava proqnozu
....
saadaal hawo

termometr
....
heer-kul baare

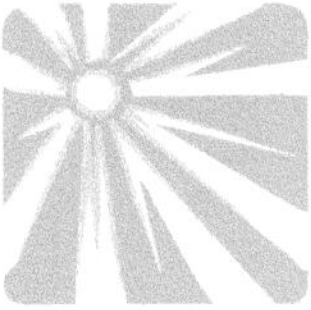

günəş işığı
....
qorraxeed

bulud
....
daruur

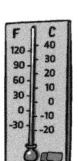

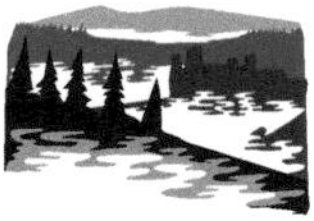

duman
....
ceeryaamo

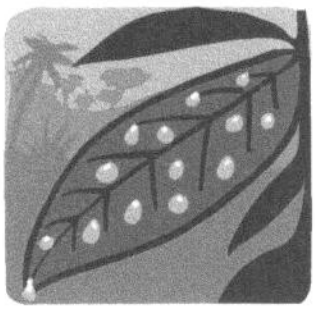

rütubət
....
huur

ildırım

jac

göy gurultusu

onkod

fırtına

duufaan

dolu

roob-baraf

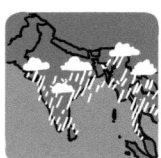

musson

maansuun

daşqın

daad

buz

baraf

yanvar

Jannaayo

fevral

Febraayo

mart

Maarso

aprel

Abriil

may

Mey

iyun

Juun

iyul

Luulyo

avqust

Agoosto

sentyabr

Sebteember

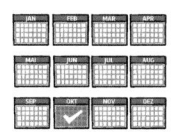

oktyabr

Oktoobar

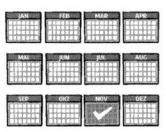

noyabr

Nofeember

dekabr

Diseember

formalar
qaababka

dairə

goobaabo

kvadrat

afar-gees

düzbucaqlı

leydi

üçbucaq

saddex-xagal

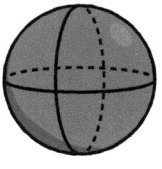

kürə

wareeg

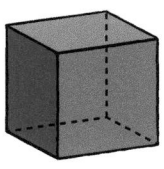

kub

bokis

ağ
caddaan

sarı
hurdi

narıncı
oranji

çəhrayı
guduud-khafiif

qırmızı
casaan

bənövşəyi
carwaajis

mavi
bluug

yaşıl
cagaar

palıdı
boroon

boz
cawl

qara
madow

çox / az
badan / yar

qeyzli / sakit
caro / daganaan

yaraşıqlı / eybəcər
qurxoon / foolxun

başlanğıc / son
billow / dhammaad

böyük / kiçik
yar / weyn

işıqlı / qaranlıq
iftiin / mugdi

qardaş / bacı
walaalkaa / walaashaa

təmiz / kirli
nadiif / wasakhaysan

tam / natamam
buuxa / dhantaalan

gündüz / gecə
maalin / habeen

ölü / diri
dhintay / nool

geniş / dar
ballaaran / ciriiri ah

yemeli / yeyilməyən

la cuni karo / aan la cuni karin

hirsli / mehriban

arxan-daran / naxariis-badan

həyəcanlı / bezmiş

faraxsan / caajisan

kök / arıq

buuran / caateysan

ilk / son

ugu horeeya / ugu dambeeya

dost / düşmən

saaxiib / cadaw

dolu / boş

maran / buuxa.

sərt / yumşaq

adag / jilicsan

ağır / yüngül

culus / fudud

aclıq / susuzluq

gaajo / oon

xəstə / sağlam

xanuunsan / caafimaadsan

qanunsuz / qanuni

sharci-darro / sharci

ağıllı / axmaq

caaqil / dabbaal

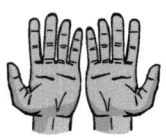

sol / sağ

bidix / midig

yaxın / uzaq

dhow / fog

yeni / istifadə edilmiş

cusub / duug

heç bir şey / bir şey

waxba / wax

qoca / gənc

da' / dhalinyar

açma / bağlama

daaris / damin

açıq / bağlı

furan / xiran

sakit/ bərk

aamusnaan / cod-dheer

varlı / kasıb

taajir / sabool

düzgün / səhv

sax / khalad

kobud / hamar

jilif leh / sabiibax

kədərli / xoşbəxt

murugsan / faraxsan

qısa / uzun

gaaban / dheer

yavaş / sürətli

tartiib / dhaqsi

yaş / quru

qoyaan / qalleyl

isti / sərin

qandac / qabow

müharibə / sülh

dagaal / nabad

0

sıfır

eber

1

bir

kow

2

iki

laba

3

üç

saddex

4

dörd

afar

5

beş

shan

6

altı

lix

7

yeddi

toddoba

8

səkkiz

sideed

9

doqquz

sagaal

10

on

toban

11

on bir

kow iyo toban

12

on iki

laba iyo toban

13

on üç

sadex iyo toban

14

on dörd

afar iyo toban

15

on beş

shan iyo toban

16

on altı

lix iyo toban

17

on yeddi

todoba iyo toban

18

on səkkiz

sideed iyo toban

19

on doqquz

sagaal iyo toban

20

iyirmi

labaatan

100

yüz

boqol

1.000

min

kun

1.000.000

milyon

malyuun

İngilis dili

Af ingiriis

İngilis dilinin amerikan variantı

Ingiriiska Mareykanka

Çin dilinin Mandarin dialekti

Mandariinka Shiinaha

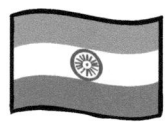

Hind dili

Hindi

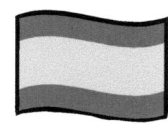

İspan dili

Boortaqiis

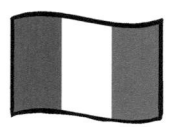

Fransız dili

Faransiis

Ərəb dili

Carabi

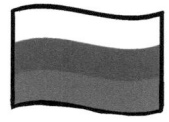

Rus dili

Ruush

Portuqal dili

Boortaqiis

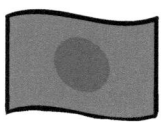

Benqal dili

Bengaali

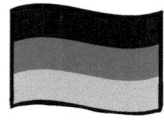

Alman dili

Jarmal

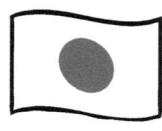

Yapon dili

Jabaaniis

mən

aniga

sən

adiga

o / o / o

asaga / ayada

biz

annaga

siz

idinka

onlar

ayaga

kim?

kee?

nə?

maxay?

necə?

sidee?

harada?

xagee?

nə zaman?

goorma?

ad

magac

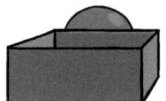

arxadan

gadaal

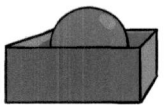

içində

gudaha

qarşısında

horta

üzərində

ka sare

dair

dusha

altında

ka hooseeya

yanaşı

dhinac

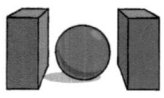

arasında

u dhexeeya

yer

meel